KLARTEXT

Hans Blossey

NIEDERRHEIN

VON OBEN

Die schönsten Luftbilder aus der Region

Fotojournalist und Pilot Hans Blossey mit
seinem Reisemotorsegler Dimona H36.
Foto: Peter von Felbert

HANS BLOSSEY

1952 in Essen geboren. Fotovolontariat bei der Westdeutschen
Allgemeinen Zeitung in Essen, Arbeit als Bildredakteur im gesamten
Ruhrgebiet. 1991 Wechsel in die Zentral-Redaktion der WAZ und
zehn Jahre lang verantwortlicher Fotograf für die Seite Eins- und
die Reportage-Redaktion. 2009 Selbständigkeit als journalistischer
und gewerblicher Luftbildfotograf. Seit 1983 mit drei Fluglizenzen
und seit 1988 mit dem eigenen Flugzeug unterwegs. Sein Luft-
bildarchiv zählt mittlerweile über 300.000 Aufnahmen und wird
vervollständigt durch internationale Reisefotografie.
Hans Blossey ist darüber hinaus Mitglied in der
Fotografenvereinigung freelens/Hamburg und
Dozent an der Essener Medienakademie Ruhr
im Bereich Fotojournalismus.

www.luftbild-blossey.de

Bibliografische Information der Deutschen Nationalbibliothek
Die Deutsche Nationalbibliothek verzeichnet diese Publikation in der Deutschen Nationalbibliografie;
detaillierte bibliografische Daten sind im Internet über http://dnb.dnb.de abrufbar.

IMPRESSUM

2. Auflage Oktober 2022
Satz und Gestaltung: Achim Nöllenheidt
Umschlagfotos: Hans Blossey
Umschlaggestaltung: Ina Zimmermann
Druck und Bindung: Linsen Druckcenter GmbH, Siemensstr. 12-14, 47533 Kleve
© Klartext Verlag, Essen 2019
Alle Rechte vorbehalten
ISBN 978-3-8375-2216-7

KLARTEXT

Jakob Funke Medien Beteiligungs GmbH & Co. KG
Jakob-Funke-Platz 1, 45127 Essen
info.klartext@funkemedien.de
www.klartext-verlag.de

INHALT

VORWORT

Vom Duisburger Hafen bis zur Rheinbrücke Emmerich, von der Zitadelle Wesel bis zur Schwanenburg in Kleve, vom Terrassengarten Kloster Kamp bis zur Halde Rheinpreußen in Moers: Grandiose Ausblicke laden zum Entdecken einer vielseitigen Region ein, die auch und gerade den am Niederrhein lebenden Menschen völlig neue, ungeahnte Sichtweisen auf ihre Heimat erlaubt.

Hans Blossey ist seit Jahrzehnten regelmäßig mit seinem Flieger unterwegs, sein Archiv umfasst mittlerweile über 230.000 Luftbilder. Über und unter den Wolken gelingen ihm Aufnahmen, die durch die Ausweitung des Blickwinkels spannende Perspektiven eröffnen. Seine Fotografien bieten ein doppeltes sinnliches Vergnügen, weil sie erhabene Übersichten mit einem überwältigenden Detailreichtum vereinen.

Ob Rheinauen, Naturschutzgebiete oder Wälder, ehemalige Bergwerksareale spektakuläre Halden oder historische Stadtkerne, ob Seen, Flussläufe oder Wälder, ob Schlösser, Klöster oder Kapellen, ob Tages- oder Nachtaufnahmen – die aus der Vogelperspektive beobachteten Architekturen der Stadt- und Naturräume faszinieren zudem durch ihre Formen und Farben. Sie verwandeln sich in geometrische Figuren, das vom Boden aus gesehen scheinbar Chaotische ordnet sich, Strukturen werden sicht- und begreifbar.

So entwickeln Blosseys Fotografien über das bloße Abbild hinaus einen künstlerischen Perspektivwechsel, der Lust darauf macht, den Niederrhein auf jeder Seite neu zu erleben.

Achim Nöllenheidt

KREIS VIERSEN UND DUISBURG

Duisburg
Kempen
Viersen

DUISBURG

Rheinorange an der Mündung
der Ruhr in den Rhein

DUISBURG
Skulptur „Echo des Poseidon" von Markus Lüpertz auf der Mercatorinsel

DUISBURG
duisport, der weltweit größte Binnenhafen

DUISBURG
Ehemaliger Kornspeicher,
heute Sitz des Landesarchivs
Duisburg

DUISBURG
Schauinsland-Reisen-Arena,
Heimstatt des MSV Duisburg

DUISBURG
Innenhafen mit dem
Bürokomplex „Five Boats",
der Marina und dem
Schwanentor

DUISBURG
Strandbad Wolfssee an
der Sechs-Seen-Platte

Bild folgende Seite:
DUISBURG
Universität Duisburg-Essen,
„Keksdosen"

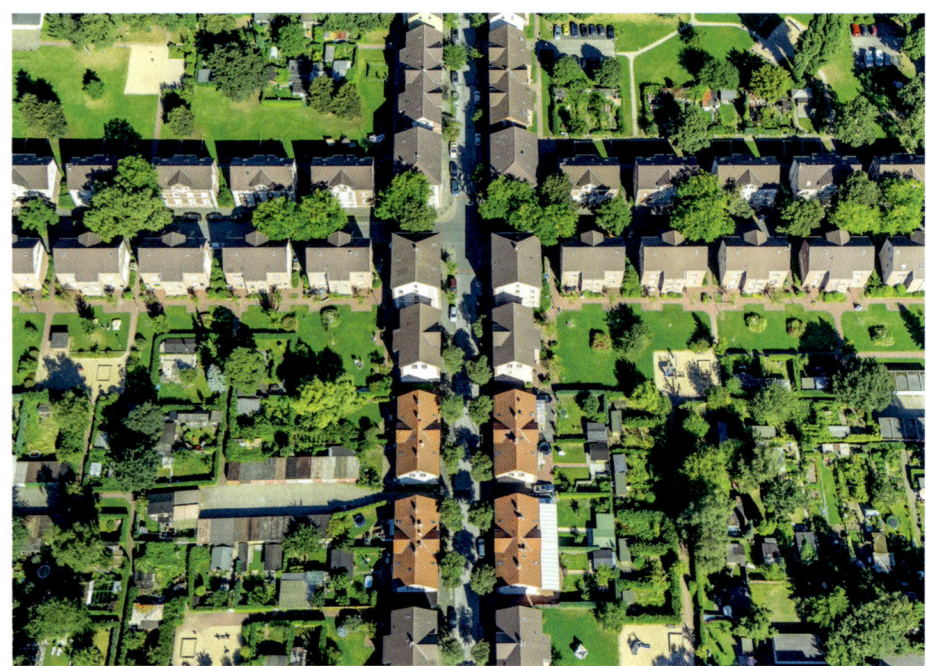

DUISBURG
Josef-(Jupp-)Kolonie
in Hamborn (oben),
Dichter-Viertel
in Hamborn

DUISBURG
Autobahnkreuz A40 / A59 Duisburg-Duissern
mit Kleingärten (oben),
Landmarke „Tiger and Turtle – Magic Mountain"
auf der Heinrich-Hildebrand-Höhe

DUISBURG
Weihnachtsmarkt auf der Königstraße (links)
DITIB-Moschee in Marxloh (oben)

DUISBURG

RheinPark in Hochfeld (oben)

Golfplatz in Huckingen (rechts)

KEMPEN

Kempener Turmmühle

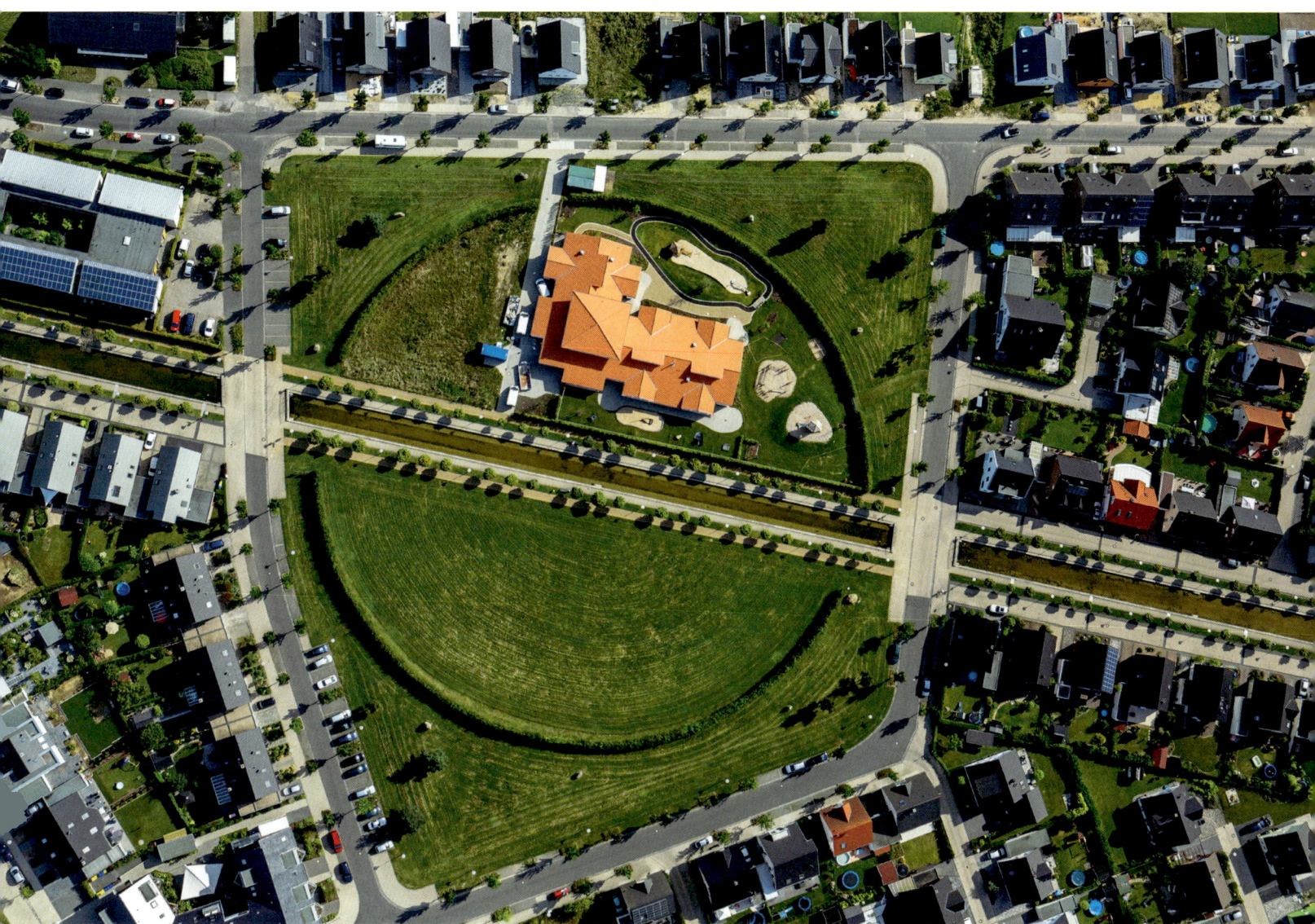

VIERSEN
Integrative KiTa Am Steinkreis

KREIS WESEL / KREIS BORKEN

Neukirchen-Vluyn
Moers
Kamp-Lintfort
Rheinberg
Dinslaken
Oberhausen
Alpen
Voerde
Hünxe
Wesel
Xanten
Hamminkeln
Isselburg

WESEL
Lippemündung zwischen Lippeschlösschen
und Rheinbrücke im Süden von Wesel

NEUKIRCHEN-VLUYN
Halde Norddeutschland
mit dem „Hallenhaus"

NEUKIRCHEN-VLUYN
Wasserschloss Bloemersheim

NEUKIRCHEN-VLUYN
Wohnen an der Landstraße (Hülsdonker Straße)

NEUKIRCHEN-VLUYN
ENNI-Solarpark Mühlenfeld

NEUKIRCHEN-VLUYN
Ehemaliges Bergwerk
Niederberg 1/2

MOERS
Siedlung Meerbeck

MOERS
Schlosspark

MOERS
Installation „Grubenlampe"
auf der Halde Rheinpreußen

MOERS
Installation auf der Kulturinsel
Nepix Kull im Schlosspark

MOERS
Zechenhaussiedlung Moers-Meerbeck

KAMP-LINTFORT
Barockgarten von Kloster Kamp

KAMP-LINTFORT
Kloster Kamp mit Terrassengarten

KAMP-LINTFORT
Gartenverein zur Sonnenblume

KAMP-LINTFORT
Altsiedlung
Friedrich-Heinrich

KAMP-LINTFORT
Landschaftsimpression,
im Vordergrund Golfclub
Am Kloster-Kamp e. V.

KAMP-LINTFORT
Wasserschloss Haus Dieprahm

KAMP-LINTFORT
Zeche Friedrich Heinrich Schacht 1/2

RHEINBERG
Schloss Ossenberg (oben),
Schulhof des Amplonius-Gymnasiums

SANDY
SARIE
ELLA
MREI
LUCKA
Sabine
MARIUS
A
ea
ALINA
Elisa
Jul
TIMO
Marv
LINDA
PRIKE
Rob-D
ANNIKA
STEPHAN
MEIKE
VANESSA
ALYSKA
X
ANNA
ANA
AB 2011
CHRISTIN
DUR
FRANK
Wiebke
INES
2005
KRIS
Elsabe
Laura
MAREN
PIA
Kerstin
ROBIN
JENS
JUMM
DAVID
Ronja
STE
SBB
PATRICK
RobinS
CUER
Pohl!
Tobin
Jürgen B.
AEIA
Andie
Jutta
Nicole
elina
Svenja
DOROTHE
MARIA
RABE
HRISTIN
SELG
ROBERT
BÄUMCHEN
TIMO
BJÖRN
LAI
NIK
achmann

RHEINBERG
Historischer Stadtkern

RHEINBERG
Solvay West und Solvay Chemicals GmbH

DINSLAKEN
Stadtkern von Dinslaken
mit Blick auf die
katholische Kirche
St. Vincentius

DINSLAKEN
Rheinaue; Sicht auf das Kohlekraftwerk Voerde (oben),
Emschermündung

DINSLAKEN
Zechensiedlung
Lohberg

Bild folgende Doppelseite:
DINSLAKEN
Trabrennbahn

DINSLAKEN
Evangelische Stadtkirche

DINSLAKEN
Halde Wehofen-Ost und Deponie Wehofen, hinten Dinslaken

DINSLAKEN
Rheinschleife mit Emschermündung

Bild folgende Doppelseite:
DINSLAKEN
Wasserturm im Lohberger Bergpark

DINSLAKEN
Zechengelände
Lohberg

DINSLAKEN
Klärwerk Emschermündung;
ExtraSchicht – Nacht der Industriekultur

Bild folgende Doppelseite:
DINSLAKEN
Kokerei Schwelgern und thyssenkrupp Steel Europe AG

OBERHAUSEN
Siegessäule mit Friedensengel
auf dem Altmarkt in Oberhausen

OBERHAUSEN
Friedensplatz mit Amtsgericht
(unterer Bildrand) und
Europahaus

OBERHAUSEN
Einkaufszentrum CentrO Oberhausen

OBERHAUSEN
Die 35 Meter hohe
Stahlskulptur
„Zauberlehrling"
am Haus Ripshorst

OBERHAUSEN
Heckenlabyrinth
im CentrO.PARK

OBERHAUSEN
Strand-Bar
„CentrO.Beach"
im CentrO.PARK.

OBERHAUSEN
Siedlung Eisenheim (oben),
Burg Vondern

ALPEN
Impression (oben), Evangelische Kirchengemeinde Alpen

ALPEN
Stadtgebiet

VOERDE

Rheinauen, Rheinvorland und Kolk
westlich Mehrum, Rheinbogen,
Götterswickerhamm am Rhein

VOERDE

Rheinvorland nördlich der
Ossenberger Schleuse (links),
leuchtend grüne Sandbänke im
Tenderingssee (rechts)

VOERDE
Kraftwerk Voerde
am Rhein
(März 2017 stillgelegt)

VOERDE
Brücke Friedrichsfeld
Wesel-Datteln-Kanal (links),
Wasserschloss Haus Voerde

VOERDE
Evangelische Kirche Götterswickerhamm

VOERDE
Wasserschloss Haus Wohnung

VOERDE

Sonnenuntergang über
Voerde und Dinslaken
von Hünxe aus gesehen,
STEAG-Kohlekraftwerk
Voerde

HÜNXE
Festivalbesucher, Ruhrpott Rodeo Festival am Flughafen
Schwarze Heide (links), Haus Esselt mit dem Pankok-Museum

WESEL
Campingplatz Grav Insel (oben), Kreisverkehr Grünstraße Nordstraße (unten),
Innenstadt von Wesel (rechts)

Bild folgende Doppelseite: Neue Rheinbrücke und Rheinhafen bei Wesel

WESEL
Berliner Tor mit Eisbahn

WESEL
Zitadelle Wesel

Bild folgende Doppelseite:

WESEL

Lippemündungsdelta

WESEL

Schloss(hotel) Diersfordt

WESEL
Lippemündung

Bild folgende Doppelseite:
XANTEN
Rheinhochwasser
Bislicher Fähre

WESEL
Willibrordi-Dom,
Berliner Tor (rechts)

HAMMINKELN
Schloss Ringenberg

ISSELBURG
Wasserschloss Burg Anholt

ISSELBURG

Ferienpark Wolfssee

KREIS KLEVE

Rheurdt
Weeze
Kalkar
Rees
Kleve
Emmerich

RHEURDT
Maurischer Pavillon auf Schloss Leyenburg

RHEURDT

Rastplatz Neufelder Heide
an der Autobahn 40

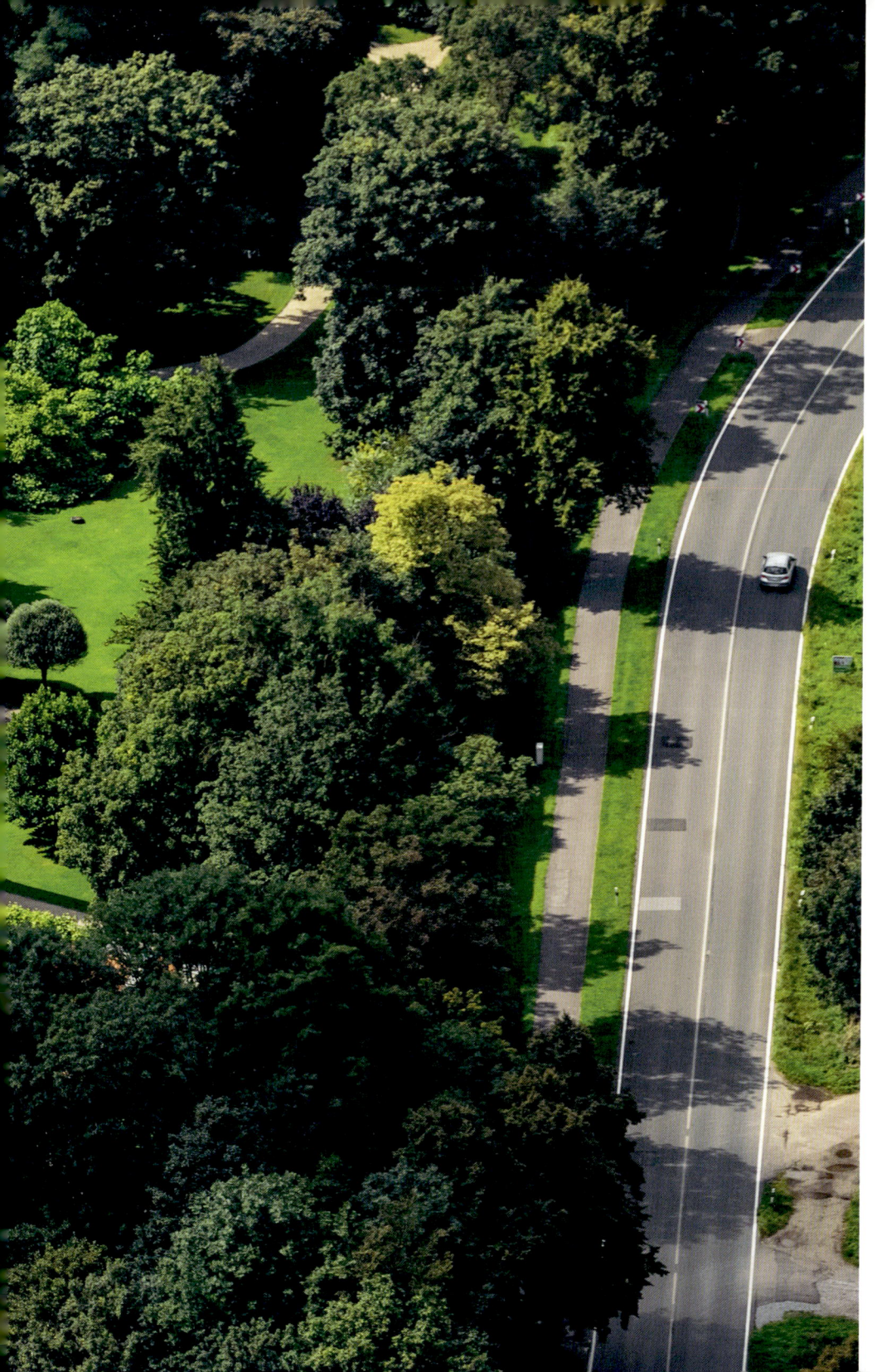

RHEURDT
Schloss Leyenburg

WEEZE
Flughafen/Airport

WEEZE
Schlossruine Hertefeld

KALKAR
Naturschutzgebiet Reeser Schanz

KALKAR
Naturschutzgebiet Reeser Schanz

REES
Blick auf die Rheinpromenade
und die zum Teil noch erhaltene
mittelalterliche Stadtmauer

Bild vorangegangene Doppelseite:
REES Rheinhochwasser beim Landhaus Köpp

REES
Wildgänse im Naturschutzgebiet Aspeler-Schmales Meer

REES
Blick auf den Stadtkern mit der katholischen Kirche St. Mariä Himmelfahrt

REES
Kreisverkehr an der Bundesstraße 8 und 67 mit der
Installation „Raum Zeit" der Künstlerin Gisela Mewes

REES
Abgrabungsseen
Roosenhofsee, Grindsee

KLEVE
Schwanenburg mit
geologischem Museum

KLEVE
Schwanenburg
im Winter

KLEVE
Museum Kurhaus Kleve (oben), Hochschule Rhein-Waal

KLEVE
Katholische Kirche St. Mariä Himmelfahrt

EMMERICH
Yachthafen und Marina

EMMERICH

Stadtteil Elten mit den Kirchen St. Vitus (vorne) und St. Martinus (hinten)

EMMERICH
Schlösschen Borghees

EMMERICH
Katholische Pfarrkirche
St. Aldegundis

EMMERICH
Rheinbrücke Emmerich

EMMERICH
Lichthof eines Seniorenheims

EMMERICH
Niederländisches Frachtschiff H&S Wisdom auf dem Rhein

EMMERICH

Rheinbrücke Emmerich, im Hintergrund KLK Chemie und die katholische Kirche St. Martini

EMMERICH
Rheinhafen und Containerterminal Emmerich